优秀小学生的
56个榜样

李静 著

苏州新闻出版集团
古吴轩出版社

图书在版编目（CIP）数据

优秀小学生的56个榜样 / 李静著. -- 苏州 : 古吴
轩出版社, 2024. 8. -- ISBN 978-7-5546-2409-8

Ⅰ . D432.62

中国国家版本馆CIP数据核字第2024ZF0318号

责任编辑：俞　都
见习编辑：胡　玥
责任校对：蒋丽华
监　　制：穆秋月
策划编辑：程向东
插图绘制：格里莫伊文化创意
版式设计：崔　旭
装帧设计：焱　玖

书　　名：**优秀小学生的56个榜样**
著　　者：李　静
出版发行：苏州新闻出版集团
　　　　　古吴轩出版社
　　　　　地址：苏州市八达街118号苏州新闻大厦30F
　　　　　电话：0512-65233679　　　邮编：215123
出 版 人：王乐飞
印　　刷：天宇万达印刷有限公司
开　　本：670mm×950mm　　1/16
印　　张：11
字　　数：109千字
版　　次：2024年8月第1版
印　　次：2024年8月第1次印刷
书　　号：ISBN 978-7-5546-2409-8
定　　价：49.80元

如有印装质量问题，请与印刷厂联系。0318-5695320

前言
PREFACE

给小读者的话

亲爱的小朋友们，大家好！

当你们翻开这本书时，心中一定怀揣着七彩的梦想吧！是想像宇航员一样驰骋太空，还是想像警察叔叔一样维护正义呢？不管你想成为什么样的人，都要有一个确定的榜样。只要学着榜样的样子不断努力，就能一步一步向理想迈进，这就是榜样的力量。

无论中国还是外国，无论古代还是现代，都有数不尽的榜样人物值得我们学习。他们有的是科学家，有的是文学家，有的是哲学家，有的是军人……榜样的精神无处不在，其中一定有能引起我们共鸣的地方。读完这本书我们就会发现，世界正因有了这些榜样才如此精彩，而我们也正因追逐他们的光芒才渐渐成长。

不必担心榜样离我们的生活太遥远，其实他们就像天上的繁星一样，照耀着我们的成长之路。只要你能感受到他们那热忱的精神力量，就会在冥冥之中受到指引，一步一步走上星光大道。

本书的内容专门为小朋友们打造，结构清晰，图文并茂，一个小故事就能清楚刻画出小朋友们心中榜样的形象，并且还有专门的"学以致用"版块，教小朋友们如何在日常生活中学习榜样的精神，让小朋友们每天都看得见自己的成长。

小朋友们，感谢大家的阅读和陪伴，让我们一起探索榜样的精神世界吧！祝大家都能找到自己的方向，并通过自己的努力实现梦想！

目 录
CONTENTS

第一章

用科技改变世界的科学先驱

约己博艺的张衡

　　张衡是我国东汉时期著名的天文学家、数学家、发明家、地理学家、文学家，他涉猎广泛、博学多才。在天文学上，他绘制了记录2500颗星体的星图；在数学上，他著有《算罔论》；在地理发明上，他发明了地动仪；在文学上，他是汉赋四大家之一……

张衡精通这么多门学问，他是怎么学来的呢？

不会是天赋异禀吧！

天赋固然重要，但起决定作用的还是后天的钻研。

约己博艺，无坚不钻

张衡小时候对大自然十分好奇。有一天夜晚，小张衡去打谷场上玩，别的孩子有的捉迷藏，有的过家家，只有他自己呆呆地数着夜空中的星星，竟然一直数了一千多颗！他一遇到感兴趣的事物就耐心钻研，因此后来才成了一名博学家。

> 傻瓜，天上的星星是数不完的。

> 才不是呢！这一片天空就只有一千多颗星星，只要坚持数下去，一定能数完！

学以致用

原来是因为这样，张衡才成了天文学家。

肯下功夫钻研别人不敢想的问题，才能取得别人达不到的成就。

所以，有时候我们也不妨做一回"数星星的傻瓜"。

精益求精的祖冲之

　　祖冲之是我国南北朝时期著名的科学家，在数学、天文学、机械制造等方面都有卓越的成就。数学上，他将圆周率精确到小数点后七位；天文历法上，他编制的《大明历》是当时最精确的历法；机械制造上，他设计、改造的指南车、千里船、水碓磨等都是当时的先进工具……

勤奋努力，不怕困难

南北朝时期还没有算盘，更没有阿拉伯数字，复杂的算术都要用摆木棍的方法来计算。这种操作方式非常容易出错，而且只要一出错，就只能从头开始。在这样困难的条件下，祖冲之还是坚持不懈，终于将圆周率精确到了小数点后七位，即在3.1415926到3.1415927之间。

实事求是，精益求精

祖冲之发现，当时的历法与实际的季节气象稍有偏差，于是决心修订历法。祖冲之编成的《大明历》，其精确程度与现代科技相差无几。然而，当新历法即将施行时，却遭到了朝中大臣的质疑。群臣认为历法是古代的圣人制定的，不能随意改动。可是祖冲之从事实出发，据理力争，最终将群臣辩得哑口无言。

如果你们有事实根据，尽管拿出来辩论，不要光拿古人来说今事！

　　为了纪念祖冲之的伟大贡献，人们将月球上的一座环形山命名为"祖冲之环形山"，随后又将一颗小行星命名为"祖冲之星"。他那刻苦认真的科学精神就像明月、星辰一样照耀着我们。对此你有什么感想呢？

1 祖冲之在那样困难的条件下都能成功，我又怎么能因为几个单词、几首古诗背不下来而轻言放弃呢？

2 任何事都不能得过且过，世上没有最好，只有更好。今后我一定要精益求精、积极进取。

3 求学要立足于事实根据，坚定自己的立场。有主见、有思想，才能离真理更近。

实事求是的沈括

沈括是我国北宋时期的文理全才，著有《梦溪笔谈》一书，书中涵盖了天文、地理、方志、律历、音乐、医药、考古等各个领域的知识研究。许多现在公认的科学常识，都是他在《梦溪笔谈》中提出的呢！

勤学好问，注重实践

有一天，小沈括正在跟着老师一起诵读白居易的古诗。刚读了一遍，小沈括就问道："老师，为什么四月山下的桃花谢了，山上的桃花却刚开呢？"老师没有回答他的问题，于是他放学后来到山上实地考察。四月时，山下已经回暖了，但山上却依然寒风凛冽，冻得发抖的小沈括恍然大悟……

原来地势越高的地方气温越低，开花也就越晚。等山下的桃花谢了，山上的桃花才刚刚盛开。

求真求实，不迷信盲从

不用大惊小怪，这只是寻常的共振现象而已。只要琵琶的调式与其他乐器发出的声音调式相同，就会与之发生感应，跟着响起来。所以当演奏其他调式的曲子时，琵琶就不响了。

沈括长大后，一直保持着实事求是的科学精神，任何事物都要弄出个所以然来。有一次，他听说朋友家有一件怪事：每当朋友演奏燕乐"双调"时，隔壁房间的琵琶就会自己响起来；而演奏别的曲子，琵琶就不响。朋友将这把琵琶当成宝物，人们都啧啧称奇，而沈括却一语道破了其中的玄机。

沈括凭借自己的探索和努力，最终成为一代大学问家，天上也有一颗小行星，是用他的名字来命名的。小朋友，从沈括的身上，你有没有得到一些启发呢？

原来很多传闻都是没有科学依据的，我再也不相信那些谣言啦！

做学问最重要的是端正态度，不懂就要问，再不懂就要自己去实践。不仅要知其然，更要知其所以然……

没错，说大话谁不会？我要通过实践获取真知。

求知好学的宋应星

　　宋应星是我国明末时期著名的科学家。他的著作《天工开物》详细记述了中国古代的农业和手工业生产技术经验，是中国科学史上第一部综合性科技著作。

　　另外，《天工开物》还被外国学者称为"中国17世纪的工艺百科全书"。达尔文将它作为权威著作来参考，并借书中的养蚕技术来举例说明生物的遗传和变异。

有目标，有兴趣，不被功利思想左右

宋应星小时候很想读一读《梦溪笔谈》，可是他找了很多书店都找不到这本奇书。有一天，镇上最大的书店购进了一批新书，宋应星急忙赶到店里，一进门就问老板有没有《梦溪笔谈》，可是老板的回答却再一次让他失望了。

求知欲旺盛，不达目的不罢休

宋应星在路上不小心撞到了一位卖米粿的老人，而老人用来包米粿的纸竟然是《梦溪笔谈》的上卷！原来这半本书是老人从纸浆店讨来的。宋应星急忙跑到纸浆店里，但另外半本书马上就要被打成纸浆了。老板被宋应星的决心所感动，于是将书送给了他。

宋应星之所以如此好学，是因为他对科学有浓厚的兴趣。如果我也能把自己的学习兴趣培养起来，肯定就能实现自主学习了……

我总是对学习缺乏动力，是因为没有给自己树立明确的目标。如果有一个非达到不可的学习目标的话，那我一定不会输给别人！

老师常常教导我们，说学习不是为了应付考试，我想一定是希望我们像宋应星一样，为了心中的理想而学习吧！考试不是学习的目的，而是检验学习效果的手段。通过考试，意味着我们离梦想更近了一步。

捍卫真理的哥白尼

尼古拉·哥白尼是欧洲文艺复兴时期的波兰籍天文学家。当时教会统治着人们的思想，认为地球是宇宙的中心，日月星辰都围着地球转。然而，哥白尼经过长期的观测和计算后，得出一个惊人的结论：地球和其他行星一样，都是围着太阳转的。"日心说"就由此诞生。

当然，哥白尼的科学观点并没有马上得到认可。"日心说"科学的革命之路遍布坎坷与荆棘，但这些都不能阻止人们追求真理的脚步。

人的天职在于勇于探索真理。

我们必须睁开双眼，面对事实。

在许多问题上，我的说法跟前人大不相同，但是我的知识得归功于他们，也得归功于那些最先为这门学说开辟道路的人。

——哥白尼

追求真理，大胆质疑

当时的很多学者都因为反对教会而被害，但哥白尼并没有就此屈服。他十分确定"地心说"在事实面前是站不住脚的，于是更加坚定自己的研究，写成了著作《天球运行论》。遗憾的是，当他等到著作出版后，没过多久便与世长辞了……

挑战权威，无畏牺牲

哥白尼逝世后，"日心说"的风波不仅没有平息，反而愈演愈烈。乔尔丹诺·布鲁诺到处宣扬"日心说"，很快便威胁到了教会的统治。教会逮捕了他，并逼迫他放弃自己的观点，但是布鲁诺拒不投降，即使被判处火刑，也丝毫不肯放下真理的大旗。

他的小数点好像点错位置了，但是别人都没有发现，我要不要说出来呢？

算了，老师都没有说什么，可能是我想错了吧……

溯本求源的**达尔文**

查理·罗伯特·达尔文是英国著名的生物学家。他的"进化论"解决了人类起源的终极难题，将人们从"神创论"的错误观念中解放出来，为人类文明的发展做出了巨大的贡献。因此"进化论"被列为19世纪自然科学最伟大的三大发现之一。

 妈妈，人是从哪里来的呢？

当然是妈妈生的啦！

 那么妈妈又是从哪里来的呢？

是妈妈的妈妈生的……

对于这个一直困扰着人类的难题，达尔文提出了一个大胆的猜想，并做出了精彩的论证……

勤于探索，勇于开拓

达尔文从小便对大自然充满了好奇，长大后也像个"好奇宝宝"。22岁时，他登上"小猎犬号"，参加了一次为期5年的环球航行。在这期间，达尔文兴致勃勃地观察各地物种的差别，不知满足地收集动植物标本。别人都笑他是个长不大的孩子，而他却说自己正在开拓一个前所未有的世界。

治学严谨，追求本质

大嘴地雀能够吃坚果

中嘴地雀以仙人掌的花果为食

小嘴地雀对种子和小虫情有独钟

当"小猎犬号"到达加拉帕戈斯群岛时，达尔文惊奇地发现岛上的地雀虽然外形大致相同，但是存在一些关键的差别。疑惑不解的达尔文在研究后发现，这些地雀是从其他地方迁徙过来的。它们为了适应不同地区的环境，才进化出了不同的形态。

学以致用

　　达尔文进一步提出了"进化论"的设想，并一步一步来证实。物竞天择，适者生存，生物是不断进化的，人也不例外。不论是远古时代的猿人还是现代的人类，只有适应时代的发展，才不会被世界淘汰。

　　兴趣是最好的老师，我最喜欢与大自然亲密接触啦！探索知识的乐趣真是说也说不完！

　　知识其实并不神秘，它就在我们的日常生活当中。只要多留心观察周围的事物，就能从他们的相同或不同之处总结出规律。瞧，我发现了什么？

　　大自然的法则是优胜劣汰、适者生存，我们只有不断调整自身的状态，努力适应这个不进则退的环境，才能实现华丽的蜕变。

淡泊名利的居里夫人

居里夫人名叫玛丽·居里，是著名的法国籍波兰裔科学家，也是屈指可数的两次获得诺贝尔奖的科学家之一。她最突出的贡献在于对放射性元素的研究和应用。在她的指导下，人们第一次将放射性元素用于治疗癌症，而居里夫人本人则因为长期在实验室中接触放射性元素而病逝……

当初居里夫人在实验中成功提炼出了0.1克的镭，人类从此打开了放射性研究的大门。

据说1克镭价值数十万美金呢！

那么居里夫人一定是亿万富翁吧！

事实上，居里夫人生活清贫，一生仅有的3克镭中，有2克都是别人捐赠的……

大公无私，不求回报

居里夫人在实验成功以后，没有申请技术专利，而是公开了镭的提纯方法。当她想购买1克镭用于后续的研究时，却发现自己根本买不起……公众得知消息后，捐献了1克镭给居里夫人。后来她想在祖国波兰开一家镭研究院，用于研究用镭治疗癌症，公众再次向她捐赠了1克镭。

> 只要您在专利申请书上签字，就不会有现在的窘境了。

> 没有人应该因镭致富，它是属于全人类的。

淡泊名利，不慕虚荣

居里夫人的研究获得了很多荣誉奖项，英国皇家学会曾颁给她一枚金质奖章。但她并没有把奖章当成宝物一样珍藏起来，而是送给女儿当玩具。有一天，居里夫人的一个朋友来她家做客，正好看见她的女儿拿着那枚奖章玩耍。朋友十分不解，而居里夫人则用一句话点醒了她。

> 这么崇高的荣誉，你怎么能给孩子当玩具呢？

> 我想让孩子从小就知道，荣誉就像玩具，只能玩玩而已，绝不能永远守着它，否则将一事无成。

我原本以为，科学家做出了这么多贡献，应该有花不完的报酬。现在我才明白，原来科学是全人类的事业，不应该被用来牟利。

即使是这样，我也不会改变我的志向。为科学事业奉献自己就是一件光荣的事情。

我现在还谈不上为科学做贡献，而爸爸妈妈却已经为我付出了这么多。就算不为别人，不为自己，也不能辜负他们对我的期望……

第二章

用文字感染心灵的文学巨擘

秉笔直书的司马迁

司马迁是我国西汉时期伟大的史学家、文学家，创作了我国历史上第一部纪传体通史《史记》。他写史的态度中正无私，对历史人物和事件的记叙善不溢美、恶不避讳，因此后世写史都以他为典范。鲁迅先生评价《史记》为"史家之绝唱，无韵之《离骚》"。

虽然《史记》描写的都是古代的人和事，但是对现代的影响也很深远。俗话说，"无古不成今"。《史记》为我们提供了许多关于前人的经验，另外也是优秀的写作素材宝库。

你不是最喜欢《史记》上的故事吗？不如看看古代的记叙文是怎样写的。

忠于事实，客观全面

司马迁写史真实全面，功过从不一概而论。比如，他在《秦始皇本纪》中写秦始皇虽然暴虐凶残，但也厥功至伟。秦始皇大兴土木，劳民伤财，然而修筑的长城却将匈奴拒之门外，保护了中原百姓的安全……司马迁写史从事实出发，不掺杂个人情感，真实还原了历史的面貌。

仗义执言，忍辱下狱

司马迁敢于说真话，即使在皇帝面前也不改原则。有一次，司马迁为降将李陵向汉武帝求情，说李陵为人正直，投降一定是缓兵之计。汉武帝一怒之下将司马迁关入大牢，并施以酷刑。司马迁在狱中坚持写作，《史记》中就有一部分是在监狱中完成的。

学以致用

司马迁秉笔直书，不论是写史还是做人，全都贯彻了不违本心的原则。十几年间，他书写了中华3000多年的历史，也为2000多年后的我们树立了典范……

司马迁在监狱中还坚持写作，跟他一比，我们平时遇到的困难就都不算困难啦！

我最佩服他的，是他在任何时候都敢于讲真话。诚实说起来简单，要贯彻下去可就难了……

妈妈，虽然上次的作文得了高分，但那根本不是我自己写的，我知道错了……

好孩子，你敢于说真话，妈妈是不会责怪你的。作文和做人的道理其实是一样的，你现在知道该怎么做了吧！

不为五斗米折腰的
陶渊明

陶渊明原名陶潜，字元亮，自称"五柳先生"，是我国东晋时期著名的文学家。同时，他也是我国历史上第一位田园诗人，被誉为"古今隐逸诗人之宗""田园诗派之鼻祖"。他在文学作品中所开辟的精神桃源，千百年来令无数读者心驰神往。他那不与世俗同流合污的高洁志趣，更是很少有人能够超越……

妈妈，我们也像陶渊明一样隐居起来，过悠闲自在的生活，好不好？

孩子，每个人都有选择自己生活方式的权利。可是你真的明白他归隐田园的深意吗？

洁身自好，坚守原则

陶渊明在隐居之前是彭泽县令，每月的俸禄刚好够养家糊口。一天，郡里派了一位督邮来视察，陶渊明穿着布衣出门迎接，衙役拦住他说："这位督邮粗俗傲慢，经常仗势欺人。您还是穿上官服再去吧！"陶渊明一听，做个小官还要趋炎附势，于是辞官隐居，再也没有接受过官职。

学以致用

忧国忧民的范仲淹

范仲淹是我国北宋时期著名的文学家、政治家、军事家。他文武双全，智谋过人，总在关键时刻挺身而出，担当国家大任。他在任职期间，无论是治理内政还是防御外患，都表现出极强的责任感。他曾在《岳阳楼记》中写下"先天下之忧而忧，后天下之乐而乐"的千古名句，为后人所敬仰。

范仲淹小的时候家里很穷，寄宿在一间寺庙内读书。没有充足的粮食，他就煮一碗小米粥，等粥过夜凝固后，再用刀切成四块，就着咸菜在早、晚各吃两块。即便如此，他也从不叫苦，还立下了远大的志向——不当宰相就当医生。因为宰相能够造福百姓，而医生可以为乡亲治病。

经略西北，戍卫边关

北宋时期，党项族在西北地区建立西夏国，常常侵扰宋朝的百姓。范仲淹第一时间开赴边境，与军民同吃同住。他安抚当地的羌族百姓，改革军事制度、调整战略部署，构建了军民一体的防御系统，使西夏人再也不敢进犯。

广置义田，接济贫民

范仲淹富贵后，常常接济乡亲，他在家乡购置了一千亩良田，专门用来赈济灾民和赡养亲族中品德高尚的穷人。他不仅让穷人有饭吃，还送给他们衣服穿，资助穷人家的孩子读书，出钱替他们操办婚丧嫁娶的事宜……范仲淹选了家族中最有声望的长者管理这些事，及时支出钱粮，深受大家爱戴。

就像文章中说的那样，"先天下之忧而忧，后天下之乐而乐"，范仲淹总是吃苦在前，享乐在后。如果没有他小时候的寒窗苦读，那应该也很难有长大后的功成名就吧！

我最佩服的，是他胸怀天下，以天下为己任。不管是做官还是做人，他都能为别人着想。正所谓"风声雨声读书声，声声入耳；家事国事天下事，事事关心"。

为别人着想并不是一件很难的事。"我为人人，人人为我"，只要你肯帮助别人，别人一定也会帮助你的。

乐观豁达的苏轼

苏轼是我国北宋著名的文学家、书法家、画家，是"唐宋八大家"之一，也是宋词豪放派的代表人物，与辛弃疾合称"苏辛"。苏轼仕途坎坷，曾多次被贬，但他一直都保持着乐观豁达的心态，用潇洒的笑容迎接生活中的每一天。

竹杖芒鞋轻胜马，谁怕？一蓑烟雨任平生。

——苏轼

乐观豁达，豪迈洒脱

苏轼被贬黄州（在今湖北省黄冈市）时，没有消极颓丧，而是四处游山玩水。一日，他正好来到黄州城外的赤壁。这里的壮丽景色令他不禁追忆起三国时期赤壁之战的场景，于是他即兴抒怀，写下了《念奴娇·赤壁怀古》这一千古绝作。

大江东去，浪淘尽，千古风流人物……

学以致用

苏轼后来还被贬到了儋州，也就是今天的海南。在那么偏远荒凉的地方他都能随遇而安，真是太令人敬佩了。

"人有悲欢离合，月有阴晴圆缺。"逆境也是人生的一部分嘛！

没错，逆境虽不可避免，但并不是不能走出的。有时候，只要转念一想，就能发现生活中还有很多美好的事。

俯首甘为孺子牛的
鲁迅

　　鲁迅先生原名周樟寿，后来改名周树人，笔名鲁迅。他是我国著名的爱国主义文人、革命家、民主战士，同时也是新文化运动的代表人物、中国现代文学的奠基人之一。鲁迅先生有一句十分精彩的诗句："横眉冷对千夫指，俯首甘为孺子牛。"这句诗正是鲁迅先生自身经历的真实写照。

不畏强权，敢于斗争

鲁迅先生生活的年代正处于"白色恐怖"时期，当时许多革命烈士都被国民党反动派杀害。鲁迅先生也被列入了暗杀名单，但是他依旧不改往日的作风，用犀利的笔锋揭露国民党反动派的恶行。有一天，鲁迅先生上街，被一个国民党反动派特务跟踪了，他突然转身丢给特务一个铜板——原来鲁迅先生把特务当成了要饭的。

给，买饭吃吧！

关爱人民，无私奉献

在面对敌人时，鲁迅先生是一位铁骨硬汉；而面对人民时，他又有柔情的一面。有一天傍晚，他在路边遇到了一名黄包车夫。车夫光着脚拉车，被地上的碎玻璃刺破了脚掌，坐在地上不停地呻吟。鲁迅先生见状，马上拿来纱布和药品为他包扎，还给了他一些钱，让他好好休息两天。

不用不用

我们要有永不言败的斗争精神，面对敌人不屈服，面对困难不退缩。只有越挫越勇，才能克服障碍，获得成功。

一个健全的人格，既要有坚强的一面，又要有温柔的一面。当面对需要帮助的人时，我们要积极地献出自己的爱心，让社会充满和谐，充满温馨……

痛改前非的托尔斯泰

列夫·尼古拉耶维奇·托尔斯泰是19世纪中期俄国著名的文学家、思想家。他虽然出身于贵族家庭，却十分关心穷人的生活。后来，他彻底与贵族家庭决裂，一心追求简朴的平民生活。他的作品反映社会现实，触动人们的心灵，总是闪耀着人道主义的光辉，所以他被称为"俄国文学的良心"。

托尔斯泰的作品反映了俄国农民想要反抗剥削却又无能为力的现状，因此他也被列宁称为"俄国革命的镜子"。

知耻后勇，改过自新

托尔斯泰出身贵族，从小游手好闲、不务正业，上大学时被学校劝退。但是，这样一个纨绔子弟逐渐认识到了自己的错误，意识到这样只会断送自己的未来。他找出自己身上最大的几个缺点，将它们写在纸上不断提醒自己。幡然悔悟的托尔斯泰从此告别了过去的奢靡生活，开始了新的人生。

没有什么比让人感到羞耻更起作用了，这常常是人走上新的道路的起点。

——托尔斯泰

坚守道义，乐善好施

托尔斯泰虽然出身贵族家庭，但他总是对穷人充满了怜悯与爱心。有一天，托尔斯泰在路上遇到一名衣衫褴褛的乞丐，托尔斯泰看他十分可怜，就准备掏钱给他。这时，有人劝托尔斯泰不要给他钱，因为他是个行乞骗钱的骗子。然而，托尔斯泰并没有把钱收回去……

学以致用

托尔斯泰最伟大的地方，就是他有一颗真诚、善良、博爱的心灵。

他主动放弃贵族身份的决心和勇气也是其他人难以企及的。为了道义而放弃家族的财产，这得需要多么高的思想觉悟啊！

其实托尔斯泰的高度并非难以企及。就像他说的，羞耻是走上新道路的起点，知耻而后勇，才能不断完善自己的品格。

走出迷惘的海明威

欧内斯特·米勒尔·海明威是20世纪美国最具代表性的作家之一，除了写作之外，他还打过拳击、当过记者、做过间谍、上过战场……他的人生经历充满了传奇色彩。就像他笔下的人物一样，他一向以硬汉的形象著称，被美国人视为精神丰碑。

第一次世界大战到第二次世界大战期间的美国社会动荡，矛盾激烈，许多年轻作家在现实中找不到精神支柱，被称为"迷惘的一代"。海明威就是他们中的一员。

那么他是怎样走出迷惘的呢？

坚强勇敢，富有正义感

年轻的海明威热衷于拳击、探险、打鱼、狩猎等刺激性运动，参与过两次世界大战。虽然这些经历使他遍体鳞伤，但是并不能击垮他的意志。在一次战役中，海明威的小队遭遇了敌人的猛烈袭击，在身上插了200多枚弹片的情况下，他强忍剧痛将伤兵拖到了安全地带。这样顽强的意志震撼了所有人。

不屈服于命运，顽强抗争

海明威历经万般磨难，但他不仅没有被苦难击倒，还将这种坚强不屈的品质带到自己的作品中。《老人与海》中的桑地亚哥连续84天都没有捕到一条鱼，但他不肯放弃，终于在第85天捕到一条千斤重的大鱼。老人驾着小船与大鱼英勇搏斗，最后带着战利品返回码头，尽管大鱼只剩下一副残缺的骨架……

学以致用

饱经沧桑的海明威并没有在苦难中迷失，而是在迷惘中找到了自己的答案——一个人可以被消灭，却不能被打败。他那顽强不屈的意志借由他的作品影响了全世界的人，他本人也因此被认为是20世纪最著名的小说家之一。

海明威生活在那个动荡的年代，面对逆境尚且能够不退缩、不放弃，我们为什么不能像他一样顽强抗争呢？

海明威说过，我们身上那些受过伤的地方，终究会变成最强壮的地方。挫折是一种磨炼，目的是让我们更加强大。

第三章

启发人类思想的大哲先贤

韦编三绝的**孔子**

　　孔子是我国春秋时期著名的思想家、教育家，同时也是儒家学派的创始人、世界最著名的文化人物之一。相传他曾修《诗》《书》，订《礼》《乐》，序《周易》，作《春秋》。他的言行被学生记录、整理成《论语》。他一生学而不厌、诲人不倦，被后人尊称"至圣先师，万世师表"。

　　据说孔子的学生有3000人之多呢！

　　没错，其中有72人精通六艺，被称为"孔门七十二贤"；有10人才学尤为出众，被称为"孔门十哲"。

　　六艺指的是礼、乐、射、御、书、数，这些是君子修身立德的基本技能。

　　那么孔子是如何成为这么伟大的思想家、教育家的呢？他又是怎样学习的呢？

虚心好学，毫不自满

孔子年轻的时候跟随师襄学琴，师襄教给他一首曲子，孔子练了很久。师襄觉得他已经学会了，可是孔子却觉得没有练到家。又练了很久，师襄说这次真的可以了，而孔子还是觉得没有心领神会。这样重复了好几次，孔子都不满意，最后终于融会贯通，甚至不用问琴曲的名字就能体会内在的精神。

没错！我的老师教我的时候，就说这首曲子名叫《文王操》啊！

除了周文王，还有谁能创作出这么高雅的曲子呢？

孜孜不倦，手不释卷

孔子晚年时喜爱读《周易》，一有时间就反复阅读。读完第一遍，只了解表面意思；读完第二遍，才掌握基本要点；读完第三遍，终于有了比较透彻的理解。后来要讲给学生们听，他又不知道读了多少遍……那时的文字还是写在竹片上的，由皮绳穿起来。因为反复阅读，竹简上的皮绳不知道断了多少次。

孔子认为，每个人先天的才智水平都是差不多的，但是只有很少的人能成为大学问家，这是因为每个人后天的勤奋努力程度不同。

子曰："学而时习之。"学过的知识要经常复习，学会的技能要经常练习，这样才叫"学习"！

学习其实也没什么特别难的，无非就是读不懂就继续读，学不会就反复学。

学习就像登高，恒心比资质更加重要。只要一步一个脚印地坚持走下去，早晚有一天会收获意想不到的风景。

功成身退的老子

老子名叫李耳，又叫老聃（dān），是我国春秋时期著名的思想家、哲学家，同时也是道家创始人、世界历史文化名人。他曾任周朝的"守藏室之史"，也就是管理图书的官员，以博学多识著称，据说孔子也曾向他求学。他的著作《道德经》对后世影响颇深，是全球文字出版发行量最大的著作之一。

知人者智，自知者明。

知者不言，言者不知。

上善若水，水善利万物而不争。

大方无隅，大器晚成。大音希声，大象无形。

我有三宝，持而保之：一曰慈，二曰俭，三曰不敢为天下先。

合抱之木，生于毫末；九层之台，起于累土；千里之行，始于足下。

——老子《道德经》

守柔不争，淡泊宁静

　　春秋末年，天下大乱，老子厌倦了社会纷争，因此决定辞官退隐。当他骑着青牛来到函谷关时，守将劝他将自己的思想写成书籍，传给天下人，否则这么高深的智慧从此消失于世间，就太可惜了！于是老子写成《道德经》，交给守将便长笑而去了。

超然物外，不受名利束缚

　　老子在《道德经》中劝人淡泊名利，不可居功自傲。如果成功后得意自满，忘乎所以，在未来必将走向失败。因为世上没有绝对的好坏之分，任何事物在一定条件下都会向它的对立面转化，这就是所谓的物极必反、祸福相倚。功成名就之后，不要贪恋名利，拿得起放得下，才能不被名利束缚。

这真是一部奇书啊！

俗话说："人往高处走，水往低处流。"虽然每个人都应该拼搏奋进、力争上游，但当功成名就时，也要像水一样保持谦卑处下的态度，默默无闻地滋润万物。这是从古人的经验中悟出的哲理，也是中国人为人处世的大智慧。小朋友，你能在春风得意的时候，潇洒地"事了拂衣去，深藏身与名"吗？

侠肝义胆的墨子

墨子是我国战国时期著名的思想家、科学家、军事家，是墨家学派的创始人。他的思想主张是行侠仗义、锄强扶弱，因此深受大家的欢迎。在春秋战国的诸子百家中，墨家的影响力仅次于儒家，与儒家并称"显学"，当时甚至流传着"非儒即墨"的说法。

虽然墨子的侠义精神并没有改变那个时代诸侯争斗的真实现状，但是它点燃了无数人心中的正义之火。正因为人们追求正义，社会才能在发展中进步，国家才能安定和谐。所以，墨子的侠义精神流传千年，至今仍然代表着许多人崇尚正义、向往光明的理想追求。

维护正义，保护弱者

战国时期，强大的楚国想要侵略弱小的宋国，墨子听说后，立即前往楚国，劝说楚王退兵。楚王有鲁班制造的攻城云梯，不愿轻易退兵，于是墨子提议当场演示一番。原来墨子也是一位机关大师，他设计了许多守城的器械，任鲁班怎么进攻也无法得逞。最后墨子成功说服了楚王，保护了宋国。

学以致用

侠义精神其实是一种崇尚爱与正义的精神，也是一种社会责任感。

051

反对宿命论的范缜

范缜（zhěn）是我国南北朝时期著名的唯物主义思想家、哲学家、杰出的无神论者。他虽然出身低微，但是生性耿直，不慕权贵。他大胆创作《神灭论》，抨击了王公贵族的宿命论思想，在我国思想发展史上具有划时代的意义。

我怎么这么笨？别人都说我天生就不是学习的料……

如果能把我的天赋分给你一半就好了。爷爷说，我生来就是考状元的命。

宿命的说法是没有根据的，关键还是要看自己怎么学。

宿命论和唯物论最大的区别在于宿命论否定后天的努力，认为命运不可改变。但事实是有人出身平凡，却凭借自身的努力成就丰功伟绩；有人出身尊贵，却因为自身的懈怠而渐渐没落……

驳斥王公，反对宿命论

南北朝时期，因果宿命的思想深受王公贵族信奉。在一次贵族宴会上，大家又谈论起宿命来，这时，范缜作为竟陵王的门客，起身直言世上没有宿命，震惊在座众人。无论竟陵王怎样质问，范缜都能有理有据地反驳。最后竟陵王无可奈何，只好纠集宾客与范缜展开了一场大论战。

你不相信宿命，又如何解释人生来就有尊卑贵贱之分呢？

命运就像满树的繁花，清风拂过，有的落在座席上，就像您；有的落在粪坑里，就像我。这只是偶然的分别而已。

坚定信念，毫不动摇

范缜将自己的观点写成《神灭论》一文，引起了很大的轰动。竟陵王软硬兼施，派手下亲信劝说范缜收回文章，也遭到范缜的严词拒绝。最后，范缜还吸取前面几次辩论的经验，以问答的形式改写《神灭论》，进一步完善了自己的理论体系。

你这么有才华，为什么要跟王公做对呢？不如把文章收回去，弄个中书郎当当。

如果我是卖文求官的人，早就当了尚书令这样的大官了，还会在乎一个小小的中书郎吗？

竟陵王萧子良本来是南齐宰相，最后南齐被灭；范缜本来出身贫寒，后来却做了大官……历史上的许多事实证明，命运并非不可改变，人生的命运是由自己创造的。

我明白了，只要自己肯下功夫，即使再笨也能学有所成。

再聪明的人，如果放松懈怠，也不一定能有大学问。

对嘛！人生的长路本来就是自己走出来的，为什么要否定自己、迷信宿命呢？

你有多聪明，妈妈再清楚不过了。你能考到这个分数，妈妈已经很知足了。

不是的，我还能考得更好！

为理想而奋斗的
苏格拉底

苏格拉底是古希腊著名的思想家、哲学家，也是西方哲学的创始人之一，他主张美德即知识、认识你自己。他的哲学观点涉及文学、艺术、大众生活等各个领域，从古至今，哲学家们或多或少都受到过苏格拉底的影响。

苏格拉底有句名言："世界上最快乐的事，莫过于为理想而奋斗。"

没错，人生一定要有追求、有目标，并努力去达到，这样的生活才有意义。

那如果达不到目标呢？

为理想而奋斗，重在享受奋斗的过程。只要自己全力以赴，不管目标能不能达到，心里都不会有所愧疚……

积极乐观，不以结果为导向

传说，苏格拉底与朋友约定向一座大山进发。可是，走了很长很长时间之后他们才发现，那座大山实在是太遥远了，可能一生都无法到达。朋友失望至极，垂头丧气，一步也不愿意走了，而苏格拉底却积极乐观地告诉他，沿途处处有美景。

专注于目标，心无旁骛

相传，曾有一群年轻人向苏格拉底请教快乐在哪里。苏格拉底没有直接回答，而是叫他们先为自己造一艘船。于是，

这群年轻人一心一意地造船。等船造好后，他们和苏格拉底一起泛舟遨游，快乐极了。苏格拉底告诉他们："当你为了一个明确的目标忙得无暇他顾时，快乐就悄然来临了。"

当你有了目标，就该拼尽全力为之奋斗。成功都是用汗水换来的，没有人能随随便便成功。相信自己，坚持不懈，去承受别人承受不了的磨难与挫折，并想办法去克服它们，你就是最棒的！

当你为目标努力过、奋斗过之后，即使最终没有成功，也一定会有自己的收获。当你回顾自己的奋斗历程时，你会感觉踏实、安心和欣慰，因为自己永远不会因轻视、懈怠而后悔……

追求自由平等的
伏尔泰

伏尔泰原名弗朗索阿·马利·阿鲁埃，是18世纪法国著名的启蒙思想家、哲学家、文学家，既是新思想的传播者，也是启蒙运动的泰斗。他宣扬理性，追求自由平等，被誉为"法兰西思想之王""法兰西最优秀的诗人""欧洲的良心"等。另外，他还酷爱写作，参与过《百科全书》的编写工作。

在启蒙运动之前，整个欧洲还笼罩在封建专制的黑暗中，而伏尔泰正是照亮黑暗的第一束光芒。

反抗封建专制的过程中，他一定会遭受许多磨难吧！

是的，伏尔泰因为批判政府而两次入狱，两次被驱逐、流放……

不畏权贵，勇于抗争

1715年，伏尔泰因写诗讽刺王公贵族的专制制度而被流放。1717年，他又写诗影射奢靡混乱的宫廷生活，于是被关进了监狱。在狱中，他开始用"伏尔泰"这个笔名写作。1726年，他又遭到贵族的诬告，再次被关进监狱。再次出狱后，他又被驱逐出境，流亡英国……

学以致用

倡导人类解放的
马克思

卡尔·马克思是19世纪著名的思想家、政治家、革命家，也是全世界无产阶级和劳动人民的革命导师、无产阶级的精神领袖、国际共产主义运动的开创者。他与恩格斯共同创立了马克思主义，并将它作为全世界无产阶级争取自由解放的理论武器和行动指南。

在19世纪的欧洲，因为资本主义扩张而造成的社会矛盾空前激烈，许多农民和工人在地主、资本家的剥削下无力维生。马克思的思想学说就是在这样的时代背景下诞生的，一经提出便受到全世界无产阶级的拥戴。

全世界无产者，联合起来！

——《共产党宣言》

舍生取义，矢志不渝

19世纪，整个欧洲处于资本主义的统治之下，而马克思的思想鼓舞人们反抗剥削和压迫，因此他很快就被政府列为危险分子，并被迫放弃国籍。当他流落异乡时，竟也受到当地政府的驱逐。尽管没有国籍、无处容身，马上就要无法生活，马克思依旧不肯放弃人类解放的事业。这时，幸好英国伦敦接纳了他。

普鲁士国籍×
世界的公民√

科学严谨，刻苦钻研

在伦敦的这段时间，马克思经常泡在图书馆里。他读过关于不同学科的1500多种图书，能读懂10多个国家的文字，能用德、法、英3种文字写作。他的好友恩格斯曾说，马克思在写作的时候，如果不是确定所有相关图书都参考过了、所有疑问都考虑过了、所有论点都探讨过了，他是绝对不肯下笔的。

马克思致力于实现人类自由和解放，他追求的是一个没有压迫、没有剥削、没有阶级矛盾的理想社会。直到现在，马克思主义仍然是工人阶级及其政党的指导思想。

第四章

军营中凌霜傲雪的丰碑

持节不屈的苏武

苏武是我国西汉时期杰出的外交家。他奉汉武帝之命出使匈奴，却被匈奴扣留。匈奴对他用尽各种手段，他都不肯屈膝投降，匈奴首领拿他毫无办法，最后只好将他释放。

苏武被匈奴扣留19年，面对匈奴人的威逼利诱，没有做出任何有辱尊严的事情，彰显了坚贞不屈的气节，因此被我们称为英雄。

哇，19年！这也太难以置信了吧！

那这19年他一定吃了不少苦吧……

吃苦并不算什么。只要精神和气节还在，坚贞的傲骨就永远不会倒下。

忠心为国，不辱使命

匈奴人刚刚抓到苏武时，想用武力逼迫他屈膝投降，谁知他却丝毫不怕。匈奴人眼见威逼不行，便改用利诱，许诺他只要投降便能在匈奴享受荣华富贵。可是苏武对汉朝忠心不二，死活不肯投敌。匈奴人对他束手无策，只好先将他监禁起来。

意志顽强，坚贞不屈

匈奴人把苏武关进冰冷的地窖里，好几天都不给他吃喝，想借此击垮他的意志。苏武竟然用毡毛和着雪水充饥，顽强地活了下来。匈奴人又把他丢到北海（今贝加尔湖一带）去放羊，并说等公羊生了小羊才能让他离开。这明显就是刁难，可苏武却毫不屈服，一放就是19年！

学以致用

苏武虽然在匈奴受尽折磨，但是一直没有忘记自己的使命。他19年间使节不离手，日夜盼望着回朝廷复命。最后汉朝和匈奴终于和好，苏武也成功回到了汉朝的怀抱。

真不敢相信！如果是我的话恐怕坚持不了多长时间……

虽然痛苦难忍，但其实每个人都应该这样做。国家是我们生存的根本，爱祖国要更甚于爱自己。

收复西域的**班超**

班超是我国东汉时期杰出的军事家、外交家。他出身于史学世家，父亲班彪、哥哥班固、妹妹班昭都是著名的史学家。班超文武兼通，智勇双全，仅凭一支36人的使团便成功收复了西域大小50多个属国，重新将西域纳入中国版图，是我国历史上不可多得的军事奇才。

班超既然出身史学世家，为什么不读书做官，非要投身军营呢？

我猜是因为学习不好吧！

不要胡说。参军是一件光荣的事情，可不是学习不好才去参军的！

志存高远，投笔从戎

班超年轻时也像父亲和哥哥一样做着文书的工作，但是他常常叹息自己身为大丈夫，却不能远征西域，为国家建功立业。别人都嘲笑他身在福中不知福，然而班超并不在意旁人的嘲笑，一心追求远大的志向。终于有一天，他再也忍不了平庸的生活，扔掉秃笔投身军营……

大丈夫当建功立业、万里封侯，我怎么能待在家里侍奉笔墨呢？

舍家为国，收复西域

班超刚到军中就显示出了与众不同的军事才干。后来，他奉命出使西域，先震慑鄯善，再征服于阗，又平定疏勒……为了更好地维护边疆的稳定，班超留在西域做了西域都护，31年间不曾离开大漠一步。

学以致用

原来班超并不是因为不想读书才去参军的，而是因为他心中有更加高远的志向啊！

那当然了，大英雄的志气都是从小开始培养的，将来我也要做像班超一样的大英雄！

想要做大英雄，并不是那么容易的事情。投身军营、远赴边疆意味着要告别亲人，离开舒适圈，专心报国。班超驻守西域31年，将半生交给了边疆，这种舍小家为国家的奉献精神是最值得我们学习的……

鞠躬尽瘁的诸葛亮

诸葛亮是我国三国时期蜀国著名的军事家、文学家和发明家。作为军事家，他辅佐刘备建立了蜀汉基业，达成三国鼎立的局面；作为文学家，他写出了《出师表》《诫子书》等千古名篇；作为发明家，他有诸葛连弩、木牛流马、孔明灯等许多奇思妙想的发明。

诸葛亮本来是一名隐士，刘备纡尊降贵，接连邀请三次，诸葛亮这才答应为他谋划天下大事，这才有了三国之一的蜀国。

临危受命，恪尽职守

刘备刚刚起兵的时候，有好几次都险些全军覆没，多亏诸葛亮力挽狂澜，才保留了力量，成功建立蜀国。然而，刘备还没有见到天下统一，便与世长辞。在弥留之际，他将国家大任和幼主刘禅托付给诸葛亮。诸葛亮临危受命，既壮大了蜀国的实力，又将幼主抚养长大。

鞠躬尽瘁，死而后已

丞相！丞相啊！

刘备去世以后，诸葛亮尽职尽责，兢兢业业。为了完成刘备兴复汉室的遗愿，他亲自率军四渡泸水、六出祁山，使三国中最强大的曹魏也不敢轻举妄动。可惜的是，诸葛亮因为忧劳过度，在军中生了重病。他坚持留在前线，带兵指挥战斗，最后不幸在军营中病重辞世。

诸葛亮负责任、有担当、能吃苦、肯奉献，直到生命最后一刻还在为国事操劳。小朋友们看完了诸葛亮的故事，有没有受到什么启发呢？

　　每个人都要有责任感，只有尽到自己的责任，才能无愧于自己，无愧于别人。

　　我是班里的学习委员，我的责任就是确保大家跟上学习进度，完成学习目标。有什么难题随时可以问我哦，我一定知无不答。

　　每个人都是班级的一分子，人人为集体尽心尽力，集体就有用不完的力量。为集体做贡献，就是我们共同的责任和担当。

闻鸡起舞的祖逖

祖逖是我国两晋时期著名的军事家。他少年时轻财重义，喜欢结交侠士。西晋末年战乱四起，祖逖无奈率领亲族南下避难。东晋初年，他又领兵北伐，收复北方失地。祖逖治军严明，大公无私，深得百姓爱戴。他去世后，百姓悲痛惋惜，纷纷为他建祠立碑。

祖逖是如何成长为这么一位大英雄的呢？

我知道！"闻鸡起舞"的故事你听说过没有？

"闻鸡起舞"谁不知道，但是你知道他为什么要这么做吗？祖逖闻鸡起舞，为的不只是自己拼搏上进，还是为了更好地报效祖国，使祖国繁荣昌盛。

闻鸡起舞，奋发图强

祖逖年轻时和好友一同在军队中任职，他们的关系十分亲密，白天在一起切磋，晚上在一起睡觉。有一天凌晨，祖逖被鸡鸣声叫醒，认为这是上天在激励他勤奋练武，报效国家。于是他叫醒好友，一同来到院中练武，并且养成了习惯，一听到鸡鸣就起床练武。

中流击楫，一往无前

东晋初年，祖逖做了大将军，为了收复北方的失地，他率领大军开始北伐。在渡过长江时，望着滚滚东去的江水，祖逖感慨万千。他想到山河破碎、生灵涂炭的情景，难抑澎湃的热血，胸中豪气干云，拍打着船桨慷慨发誓：如果此去不能平定中原、收复失地，就像这大江一样有去无回！

书上说，"君子以自强不息"。只有自己奋发图强，才能收获实际的成长与进步。

有目标更要有决心，要放开手脚，大胆前进。不能为了一点小小的得失就畏首畏尾、犹豫不决，不然目标再近也难以达到。

精忠报国的岳飞

岳飞是我国南宋时期著名的军事家，位列南宋"中兴四将"之首。他从青年开始便从军打仗，先后参与、指挥大小战斗数百次。他的岳家军军纪严明，立下了汗马功劳，在民间也深受爱戴。

另外，他还是一名出色的诗人，他的传世名作《满江红》是我们歌颂英雄壮志的不朽题材。

满江红

怒发冲冠，凭栏处、潇潇雨歇。抬望眼、仰天长啸，壮怀激烈。三十功名尘与土，八千里路云和月。莫等闲、白了少年头，空悲切。

靖康耻，犹未雪。臣子恨，何时灭。驾长车，踏破贺兰山缺。壮志饥餐胡虏肉，笑谈渴饮匈奴血。待从头、收拾旧山河，朝天阙。

立志从军，精忠报国

南宋初年，北方金军滋扰中原百姓。岳飞不忍看到人民受难，因此决定从军出征。在临行前，岳飞的母亲把他叫到跟前，语重心长地问他最大的志愿是什么，岳飞斩钉截铁地回答："精忠报国。"于是岳母在他背上刺下了四个大字，叮嘱他不要忘记自己的初心。

坚守正义，不畏强权

正当岳飞挥师北上、直捣中原时，朝中以秦桧为首的奸臣却主张求和。皇帝听信了谗言，命令岳飞撤军停战。岳飞不忍看到大好形势被奸人破坏，只能选择抗旨，继续进军。最后，皇帝接连发出了十二道圣旨，岳飞无奈撤军停战。后来岳飞被秦桧以"莫须有"的罪名陷害，含恨而终……

学以致用

唉，没想到英雄的下场竟然这样悲凉……

其实，英雄早就把自己的生死置之度外了。

没错。岳飞为了抗击敌人、守护百姓，不惜得罪皇帝，甚至牺牲生命，这种精神，值得我们所有中华儿女学习。

视死如归的文天祥

　　文天祥是我国南宋末年著名的军事家和文学家，为"宋末三杰"之一。当时北方的金国被蒙古人建立的元朝所灭，元军趁势南下，袭击南宋。文天祥在江西、广东一带举兵抗元，最后无力回天。被俘后，文天祥依然保持着誓死不屈的气节，最终从容就义，年仅47岁。

　　文天祥写过一首流传千古的古诗《过零丁洋》，其中的名句"人生自古谁无死？留取丹心照汗青"妇孺皆知，是我们中华民族崇高气节的真实写照。

> 过零丁洋
>
> 辛苦遭逢起一经，干戈寥落四周星。
>
> 山河破碎风飘絮，身世浮沉雨打萍。
>
> 惶恐滩头说惶恐，零丁洋里叹零丁。
>
> 人生自古谁无死？留取丹心照汗青。

誓死不降，舍生取义

南宋末年，元朝崛起，南宋朝廷危在旦夕。文天祥率军顽强抵抗元军的进攻，可惜最终也无力回天。战败的文天祥被元军关押起来，但他誓死不肯投降。元军十分佩服他的气节，对他百般劝降，但都被严词拒绝，最后只好下令将他处死。文天祥视死如归，慷慨就义，令后人瞻仰敬佩。

人生自古谁无死？留取丹心照汗青。

学以致用

军人随时都要有牺牲的觉悟，大声告诉我，你们还愿意加入吗？

愿意！

虎门销烟的林则徐

林则徐是我国晚清时期著名的政治家、文学家、思想家和民族英雄。清朝末年，外国侵略者不断向我国倾销鸦片，他们为了牟取暴利而严重毒坏中国人的身心健康。1839年，林则徐在广东虎门集中销毁鸦片，唤醒了中华儿女的爱国意识。

然而可悲的是，林则徐抗英禁烟，却遭到投降派的诬陷而被发配边疆。临行前，他与家人告别，于是满怀深情地写下这首名诗。

赴戍登程口占示家人（其二）

力微任重久神疲，再竭衰庸定不支。

苟利国家生死以，岂因祸福避趋之！

谪居正是君恩厚，养拙刚于戍卒宜。

戏与山妻谈故事，试吟断送老头皮。

坚决果断，心系民族危亡

清朝末年，英国人向中国大量销售鸦片。鸦片是一种毒品，既危害身体健康，又极容易致瘾，使人精神萎靡。林则徐认为，长此以往必致中华民族灭亡，因此强烈建议禁烟。虽然遭到很多商人、官员的反对，但他还是力排众议，在虎门收缴鸦片，集中销毁，史称"虎门销烟"。

学以致用

毒品不仅危害健康，还腐化精神，无论何时何地，我们都应该坚决拒绝毒品。

远离毒品，要从生活中点滴的小事做起，只有每个人都自觉自爱，才能阻断毒品的传播。

而对于我们小学生来说，最基本的就是要拒绝香烟的诱惑。

第五章

鼓舞世界的伟大灵魂

开辟丝绸之路的张骞

张骞是我国西汉时期著名的外交家、旅行家、探险家，丝绸之路的开辟者。他率领一百多人出使西域，打通了中国通往中亚、西亚、南亚以及欧洲的通道。有了这条通道，中国的丝绸等特产远销外国，外国的奇珍异宝也源源不断地流向中国，因此这条通道被称为"丝绸之路"。

张骞是中国走向世界的第一人，他开辟的丝绸之路连通了欧亚大陆，使世界历史的发展连接在同一条时间线上，因此他也被称为"世界史开幕第一人"。

自告奋勇，使命必达

西汉时期，为了联合西迁的大月氏国，左右夹击匈奴，张骞自告奋勇，率领队伍横穿大漠，却不料闯入了匈奴的领地。张骞在匈奴被关押11年，最后趁守卫不注意的时候逃了出来。他逃出来后不忘使命，继续西行，终于成功完成任务，还带回了很多汉朝没有的奇珍异宝。

"凿穿"西域，放眼望世界

张骞回朝后，常常向汉武帝讲述西域的地理风貌。他向汉武帝建议与西域各国积极建立外交关系，互通有无，并联合西域诸国，共同对付匈奴。汉武帝同意了张骞的建议，派他再次出使西域。这次张骞一直走到大秦，也就是古代的罗马，这已经是当时中国人地理认知的极限了。

张骞是第一个睁眼看世界的人，比哥伦布发现新大陆还早了1000多年。别看他生活的年代离我们很远，他可是实实在在地改变了我们的日常生活。

那你知道生活中哪些东西是张骞从西域带回来的吗？

那可太多了！我们吃的葡萄、核桃、石榴、黄瓜、蚕豆等都是由张骞引进的呢！

今年暑假，爸爸妈妈带你去看看外面的世界哦！

耶！真是太棒了。终于可以探索新地图啦！

促进世界文化传播的
蔡伦

蔡伦是我国东汉名宦、发明家，他最卓越的成就是改良造纸术，制成"蔡侯纸"。从此以后，人们放弃厚重的竹简、布帛，改用轻便的纸张来写字，大大促进了文化的传播。另外，蔡伦改良的造纸术还传播到世界各地，成为人类历史上的重大发明，被列为"中国四大发明"之一。

竹简　　　　帛书　　　　纸质卷轴

"蔡侯纸"的发明，使中国乃至世界文化传播的媒介发生了一次历史性的变革，大大促进了人类历史文明的发展。

善于总结，勇于创新

汉代以前，人们常常在竹简上写字来抄写书籍，因为竹简过于厚重，所以后来使用布帛书写。但是，布帛是一种昂贵的丝织品，普通百姓根本用不起，因此才有了纸。早期的造纸术并不完善，蔡伦总结前人的经验，用树皮、破布、麻头、渔网等做成了价格低廉、携带轻便的纸张，大大方便了后人读书写字。

学以致用

串联世界的**麦哲伦**

费尔南多·德·麦哲伦是葡萄牙著名的探险家、航海家。在西方的大航海时代，人们纷纷探索未知的世界。虽然哥伦布已经发现了新大陆，但并没有看清世界的全貌。而麦哲伦则在西班牙王室的资助下，完成了人类历史上第一次环球航行，这一壮举成功弥补了人类未能串联世界的遗憾。

将来我也要做个船长，带领船员们探索世界！

探索世界可不是这么简单的。你知道环球航行有多难吗？

是啊！收获总是与危险并存，这正是探险家值得尊敬的原因。麦哲伦的船队虽然完成了环球航行，但他本人却在途中牺牲了……

无畏探险，丈量世界

在麦哲伦之前，已经有人提出地球是圆的，但一直都没有令人信服的证据。麦哲伦想，如果一直沿着一个方向航行，最后还能回到原点，那不就证明地球是圆的了吗？于是他大胆实践，从西班牙一直向西航行。到达菲律宾群岛时，他因卷入当地土著的纷争而遇难，而他的船队则成功回到了西班牙。

学以致用

麦哲伦解决了究竟是"地平"还是"地圆"的世界难题。然而，世界上还有很多未解之谜等着我们去探索……

推动人类文明进步的
诺贝尔

阿尔弗雷德·贝恩哈德·诺贝尔是瑞典著名化学家、工程师、发明家和军工装备制造商。他共有355项专利发明，在全世界20个国家都建有工厂，赚取了巨额财富。但是，他在生前立下遗嘱，将大部分财产都投作基金，设立诺贝尔奖，用来奖励那些为世界做出突出贡献的杰出人才。

啊？这么一笔巨额的财富，居然说捐就捐啦！

在这世上，比财富更重要的东西还有很多。

比如，人类文明的进步。

醉心科学，百折不挠

诺贝尔醉心于研究炸药，为了生产出高效而安全的炸药，他做了400多次试验，几乎每次试验失败都意味着安全事故的发生。最严重的一次，实验室都被炸飞了，他的弟弟和助手也被当场炸死，诺贝尔却大难不死，继续他的研究。他曾与死神擦肩无数次，最后终于试验成功。

不要再做这么危险的事了。

创造新事物没有不冒险的，而我不怕死。

奉献世界，激励奋进

诺贝尔的炸药生产为他带来了巨大利润，但他却没有将这笔钱据为己有。他的大部分遗产都用于成立基金会，以每年的基金利息作为奖金，发放给为人类文明进步做出突出贡献的人，不论国别、种族。诺贝尔奖最初只有物理学奖、化学奖、生理学或医学奖、文学奖、和平奖5项，后来又增加了经济学奖。

在诺贝尔奖这项殊荣的激励下，世界涌现出一批又一批的杰出人物，人类文明的进步更加迅速啦！

前面提过的居里夫人就曾两次获得诺贝尔奖，没有这些领军人物，就没有我们今天的生活。

现实生活中，各种荣誉奖项也在激励着我们不断进步。奋力前进，才能创造更好的生活。

重燃奥运圣火的
顾拜旦

皮埃尔·德·顾拜旦是法国著名的教育家、历史学家、国际体育活动家，同时也是现代奥林匹克运动的发起人。他从小热爱体育运动，认为让人们拥有强健的体魄也是教育事业中重要的一项，并倡导举办学生运动会。他于1894年成立奥林匹克委员会，1896年在希腊雅典成功举办了第一届奥运会。

奥运会全名为奥林匹克运动会，起源于古希腊，是为了突破人类极限、团结世界人民而创办的。参加奥运会的人不论国别，不论肤色，都能在赛场上公平竞争。在顾拜旦举办雅典奥运会之前，古代奥林匹克运动会已经停办了1500多年。

积极进取，不甘落后

顾拜旦从小热爱竞技运动，并且养成了一种不甘落后于人的竞争精神。当他听说德国的考古学家发现了古希腊的奥林匹亚遗址时，他就思考如何才能比德国人做得更好。于是他提出复兴奥运会的想法，认为弘扬奥林匹克精神有助于团结世界人民，促进国际体育运动的发展。

德国人发掘了奥林匹亚的遗址，可是法兰西为什么不能着手恢复她古代光荣的历史呢？

团结友爱，平等和谐

在奥运会筹备阶段，顾拜旦提出奥运五环的会徽设计方案：五个颜色的环分别代表人类居住的五大洲，同时也代表世界上所有国家的国旗的颜色。环环相扣，代表全世界运动员在奥运旗帜下的团结和友谊。

同时，他还确立了"更快、更高、更强"的奥运口号，鼓励每一个奥运健将超越自我。

1937年，现代奥林匹克之父顾拜旦因病去世。他的遗体被安葬在瑞士洛桑国际奥委会总部附近，而心脏则埋葬于雅典的奥林匹亚村——因为他有遗愿，即使自己长眠于地下，心脏也要与奥林匹克运动的脉搏一同跳动。

将人类视野引向太空的加加林

尤里·阿列克谢耶维奇·加加林是苏联著名航天员，同时也是苏联英雄、苏联红军上校飞行员。他是人类历史上第一个进入太空的人，也是第一个从太空中看到地球全貌的人。他在1961年4月12日达成人类首次太空飞行，因此联合国大会将每年4月12日定为世界航天日。

哇！真是太棒了！如果我也能去太空看看就好了。

探索太空可不是一件谁都能做到的事情。

正是因为只有很少的人能做到，所以才意义非凡。

艰苦奋斗，追逐梦想

加加林自小家境贫寒，15岁就开始进入工厂打工。但他并没有放弃读书，每天夜里都去工人夜校学习。后来，他考入了一所工业技术学校，开始学习飞行，后来又被推荐进入空军飞行员学校。在苏联首次选拔宇航员时，加加林从3400多名候选人中脱颖而出，并在训练中展现出了过人的才能。

看淡生死，探索未知

加加林是苏联第一位宇航员，在他之前，世界上还没有过载人航天的记录，因此这次航行充满了未知数。但他并没有为此感到担忧，他坦然地说："即使在平地行走，也会有人摔倒丧生。"如果能将生命奉献于全人类的伟大事业，无疑是最有价值的。所幸他的首次航空旅行顺利完成。

人类有许多"第一次"，它们一遍一遍地开拓我们的视野，刷新我们的认知，最后编排成了人类文明辉煌的历史篇章。

　　我们的人生也是一样，人生是由无数个"第一次"串联而成的。正是因为总会有新的"第一次"出现，生命才有无限可能。

　　未来充满了未知数，谁也说不好实现下一个"第一次"前要经历多少艰辛。但是只有勇于尝试的人，才能体会到探索未知的精神多么可贵……

用清单诠释生命的
约翰·戈达德

约翰·戈达德是美国现代著名的探险者和冒险家，也是世界上最伟大的人类学家之一。他在15岁的时候就将自己的人生目标列成一张清单，并在此后的漫长岁月中逐步实现。他的这一壮举，向世界诠释了一个普通人的一生，究竟可以取得多少种成就……

他将自己所列的目标清单称为"生命清单"，这份清单共有127项目标，涉及人类生活的各个领域，其中包括写一本书、当一回水手、主演一部电影、登上世界最高峰，等等。在他去世时，他已经完成了其中的110项。

这……也太不可思议了吧！

约翰·戈达德的生命清单

探险

1 尼罗河 ☑
2 亚马孙河 ☑
3 刚果河 ☑
4 科罗拉多河 ☑
5 长江 ☐
6 尼日尔河 ☐
7 奥里诺科河 ☐
8 可可河 ☑

在以下地点学习原始文化

9 刚果 ☑
10 新几内亚 ☑
11 巴西 ☑
12 婆罗洲 ☑
13 苏丹 ☑
14 澳大利亚 ☑
15 肯尼亚 ☑
16 菲律宾 ☑
17 坦桑尼亚 ☑
18 埃塞俄比亚 ☑
19 尼日利亚 ☑
20 阿拉斯加 ☑

攀登

21 珠穆朗玛峰 ☐
22 阿空加瓜峰 ☐

23 麦金利山 ☐
24 瓦斯卡兰山 ☑
25 乞力马扎罗火山 ☑
26 亚拉拉特峰 ☑
27 肯尼亚山 ☑
28 库克峰 ☐
29 波波卡特佩特火山 ☑
30 马特峰 ☑
31 雷尼尔山 ☑
32 富士山 ☑
33 维苏威火山 ☑
34 婆罗摩 ☑
35 大提顿山 ☑
36 鲍尔迪山 ☑

37 开展医药与探险事业，在原始部落学习治病方法 ☐
38 去遍世界上的每一个国家和地区 ☐
39 学习印第安语和霍皮语 ☑
40 学开飞机 ☑
41 在玫瑰花车大游行中骑马 ☑

拍摄照片于

42 伊瓜苏瀑布 ☑
43 维多利亚瀑布 ☑
44 萨瑟兰瀑布 ☑
45 约塞米蒂瀑布 ☑
46 尼亚加拉瀑布 ☑

47 重走马可·波罗与亚历山大大帝走过的路 ☑

水下探险于

48 佛罗里达的珊瑚礁 ☑
49 大堡礁 ☑
50 红海 ☑
51 斐济群岛 ☑
52 巴哈马群岛 ☑
53 奥克弗诺基沼泽和佛罗里达大沼泽地 ☑

造访

54 南极和北极 ☐
55 中国长城 ☑
56 巴拿马运河和苏伊士运河 ☑
57 复活节岛 ☑
58 加拉帕戈斯群岛 ☑
59 梵蒂冈 ☑
60 泰姬陵 ☑
61 埃菲尔铁塔 ☑
62 蓝洞 ☑
63 伦敦塔 ☑
64 比萨斜塔 ☑
65 奇琴伊察 ☑
66 艾尔斯岩 ☑
67 顺着约旦河沿着加加利海到达死海 ☐

在以下地方游泳

68 维多利亚湖 ☑
69 苏必利尔湖 ☑
70 坦葛尼喀湖 ☑
71 的的喀喀湖 ☑
72 尼加拉瓜湖 ☑

73 成为一名鹰级童子军 ☑
74 乘坐潜水艇潜入海底 ☑
75 自己开飞机在航空母舰上起飞、降落 ☑
76 驾驶滑翔机、热气球和小型飞艇 ☑
77 骑大象、骆驼、鸵鸟和野马 ☑
78 赤身潜水至水底40英尺（1英尺约为0.3米）并憋气2分30秒 ☑
79 抓一只10磅（1磅约为0.45千克）重的龙虾和10英寸（1英寸约为2.5厘米）长的鲍鱼 ☑
80 学吹笛子和拉小提琴 ☑
81 一分钟内打字50个 ☑
82 跳伞 ☑
83 学会游泳和滑雪 ☑
84 为教堂传道 ☑
85 穿越约翰缪尔步道 ☑
86 学习地方医术并带回使用的医疗技术 ☑
87 拍摄大象、狮子、犀牛、猎

豹、非洲野牛和鲸 ☑

88　学会围栅栏 ☑

89　学柔道 ☑

90　教授一个大学课程 ☑

91　在巴厘岛参观火葬仪式 ☑

92　探测海洋深度 ☑

93　参演《人猿泰山》 ☐

94　养马、黑猩猩、猎豹、小豹猫和郊狼 ☐

95　成为一名无线电报务员 ☐

96　自己制造一台望远镜 ☑

97　写一本书 ☑

98　在《国家地理》杂志上发表文章 ☑

99　跳高达5英尺 ☑

100　跳远达15英尺 ☑

101　在5分钟内跑完1600米 ☑

102　除去衣物体重为175磅 ☑

103　连续做200个仰卧起坐和20个引体向上 ☑

104　学习法语、西班牙语和阿拉伯语 ☑

105　在科莫多岛上做研究 ☐

106　拜访外公在丹麦的出生地 ☑

107　拜访爷爷在英国的出生地 ☑

108　在船上当一回水手 ☑

109　读完《大不列颠百科全书》 ☐

110　从头到尾读完《圣经》 ☑

111　读莎士比亚、柏拉图、亚里士多德、狄更斯、梭罗、爱伦·坡、卢梭、培根、海明威、马克·吐温、巴勒斯、康拉德、塔尔梅奇、托尔斯泰、朗费罗、济慈、惠蒂埃和爱默生的作品 ☑

112　熟悉巴赫、贝多芬、德布西、易白尔、门德尔松、拉洛、李姆斯基–高沙可夫、雷斯皮吉、李斯特、拉赫玛尼诺夫、史塔温斯基、托克、柴可夫斯基、威尔第的音乐作品。 ☑

113　熟练地掌握飞机、摩托车、拖拉机、冲浪板、来复枪、手枪、独木舟、显微镜、足球、篮球、弓箭、套索和回飞镖的操作技术。 ☑

114　作曲 ☑

115　用钢琴演奏Clair ☑

116　观看渡火仪式 ☑

117　取一条毒蛇的毒液 ☑

118　用一只22型来复枪点燃火柴 ☑

119　参观电影棚 ☑

120　攀越胡夫金字塔 ☑

121　成为"探索俱乐部"和"冒险俱乐部"的成员 ☑

122　学打马球 ☑

123　步行或走水路穿越大峡谷 ☑

124　环球航行 ☑

125　访问月球 ☐

126　结婚并拥有自己的孩子 ☑

127　活到21世纪 ☑

　　约翰·戈达德在完成目标的过程中，曾数次险些丧命。他被凶猛的河马和鳄鱼袭击过，被毒蛇咬伤过，被暴怒的大象和犀牛攻击过，差点被活埋在一场巨大的沙暴中……但他都顽强地幸存了下来。

　　约翰·戈达德是世界上最伟大的目标实现者，他激励着全世界的人们去确立和实现自己的人生目标。他的人生格言就是："**要敢于去做，恐惧就是失败。**"

第六章

少年时播下成才的种子

博学多识的项橐

项橐（tuó）是我国春秋时期的一位神童，他7岁的时候，知识就已经非常渊博了，就连博古通今的孔子也把他当作老师，向他请教问题。因为孔子被后世尊为圣人，所以项橐也就成了"圣人之师"，也被称为"圣公"。

那么他到底有哪些过人之处呢？

连孔子都不知道的事情他却知道呢！

项橐这么博学，他的知识是谁教的呢？

见识广博，才思敏捷

一日孔子出行，半路碰到一个孩子，他在路中间用泥土垒了一座城，挡住了孔子的去路。孔子请他让路，他却说："只有人躲城，哪有城躲人？"孔子看这孩子聪明伶俐，便想出题考考他，谁知他一下子就答上来了，反倒是这个孩子的问题难住了孔子。这个孩子就是项橐。

你可知道天上的星辰有多少？地上的五谷有多少？

天高不可丈量，地广不能尺度。一天一夜星辰，一年一茬五谷。

无师自通，自学成才

松树心实不虚，能够四季常青。竹子心虚不实，也能四季常青，这是为什么呢？

项橐的知识并不是老师教的，而是通过自己的观察，从日常的生活当中学来的。他的出身十分普通，父母也都是没念过书的农民，没有人教他读书，他就自己观察天地万物，总结生活经验。他从小就有着非常强烈的好奇心，一遇到新奇的事物就要究根问底，因此他虽然年龄不大，但是见识匪浅。

知识学问不分年龄大小，只要肯学，谁都能够成为博学多识的人才。项橐虽然天生聪明，但也离不开后天的努力。只有勤学好问，才能发掘天赋，增长智慧。

知识并不仅限于书本，我们日常生活的方方面面到处都有可以学习的地方。只要你善于观察和总结，就会发现知识就在我们身边。

灵活变通的曹冲

曹冲是三国时期曹操的小儿子，他一出生就聪明伶俐，深得父母喜爱。他在五六岁的时候，思维就能像大人那样缜密，人们都称赞他是个神童。就连生性多疑的曹操也对他寄予厚望，好几次都有过让他来担任继承人的念头。只可惜他13岁就因病夭折了……

"曹冲称象"的故事我知道，他巧妙地把大象的重量转换成石头的重量，这才称出来的。

那你知道这是利用了哪一条数学原理吗？

是"等量代换"的原理。

灵活变通，巧称大象

有一次，曹操想要称出一头大象的重量，问群臣有没有办法。正当群臣束手无策时，年仅五六岁的曹冲说他有一个好办法——先将大象赶上船，并在船身浸入水中的位置做个记号，再将大象赶下船，往船上搬石头，直到船身下沉到相同的位置，这时只要称出石头的重量就知道大象的重量了。

宅心仁厚，智救库吏

还有一次，曹操的马鞍放在仓库里，被老鼠咬破了。管理仓库的官员担心受到重罚，心里十分害怕，而曹冲却说自己可以帮他免除罪责。于是曹冲用小刀割破了自己的衣服，跑到曹操面前诉苦说心爱的衣服被老鼠咬破了。不久后，当曹操得知自己的马鞍也被咬破时，便一点也不生气了。

丞相，您的马鞍被老鼠咬破了，请您降罪。

算了吧！连我儿子的衣服穿在身上都被咬破了，何况是放在仓库里的马鞍呢？

曹冲不仅智商高，情商也很高。我要是能有他一半的聪明就好了。

曹冲的聪明在于灵活变通，一般的方式行不通就得换一种方式，这才是解决实际问题的思路。

是的，条条大路通罗马，有时换一种思路，难题就迎刃而解了。

诚实果断的司马光

司马光是我国北宋时期著名的政治家、史学家、文学家，也是我国历史上第一部编年体通史《资治通鉴》的作者。他从小培养自己诚实守信、沉着冷静的品质，最终成长为一个正直勇敢的人。

据说司马光写作《资治通鉴》的时候十分勤奋刻苦，白天写不完，晚上就接着写。他还把枕头换成一根圆木，称之为"警枕"，晚上一翻身就醒了，醒来后就继续写。

他的著作不仅篇目繁多，而且都是据实编写，这离不开他诚实守信的品质。

那当然了，据说他为官时从没有说过谎呢！而他的诚实要从儿时的一件小事说起……

诚实守信，从不欺人

司马光五六岁时，有一次想吃核桃却不会去壳，他求姐姐帮忙，结果姐姐也不会。后来家里有位婢女帮他把壳去掉了，姐姐发现后十分惊讶，便问他是谁帮忙的，司马光随口回答是自己做到的。父亲听到后厉声训斥他不准撒谎，于是年幼的司马光便将这件事记了下来，此后再也没有说过谎。

小小年纪就学会撒谎，长大后如何做人？

沉着冷静，果断勇敢

还有一次，司马光跟小伙伴们一起在后院玩耍。有个孩子不小心掉进一口盛满水的大缸里，别的孩子有的大呼"救命"，有的夺路而逃，只有司马光勇敢地上前救人。他搬起一块大石头，重重朝水缸砸去，水缸被砸开一个口子，那个落水的孩子被水冲了出来，这才安全获救。

诚信是做人的基石，无论何时都要以诚信为本。而且小时候是建立人格的关键时期，更加不能自欺欺人。

当我们遇到难题时，着急是解决不了问题的。要想克服困难，就得灵活调动我们的思维，果断做出判断，而这些都要在冷静的状态下进行。

114

勤能补拙的曾国藩

曾国藩是我国晚清时期著名的军事战略家、思想家和文学家，也是名震一时的湘军创立者和统帅，被誉为"晚清第一名臣"。他的著作《曾国藩家书》《冰鉴》等是人们修身齐家的必读书。虽然他长大后取得的成就很多，但是他小时候却是个不折不扣的"小笨蛋"。

 哦？"小笨蛋"怎么能成为大学问家呢？

难道你没有听说过"勤能补拙"吗？

 也就是说，不管多笨的人，只要肯努力，都能学到真正的学问。

日夜勤学，锲而不舍

曾国藩小时候，很多人都说他笨，但是他自己从来不肯放弃学习。有一次，他背一篇课文，白天怎么也背不下来，晚上就继续背，直到凌晨也没背下来。这时连梁上的小偷都忍不住了，原来小偷为了等曾国藩离开等了整整一夜，自己听得都能倒背如流了。小偷在曾国藩面前背了一遍便扬长而去。

学以致用

幼年成才的莫扎特

沃尔夫冈·阿玛多伊斯·莫扎特是奥地利的天才作曲家，维也纳古典乐派的代表人物之一。他自幼便表现出惊人的音乐天赋，1岁便迷上了母亲的美妙歌谣，2岁就会哼唱简单的儿歌，3岁就能分辨乐器上的音阶，4岁开始学钢琴，5岁开始作曲……

当莫扎特回想起自己作为"音乐神童"的童年时光时，他微笑着说出了这样一句话——

谁能和我一样用功，谁就能取得和我同样的成就。

天真好学，日益精进

莫扎特不仅在音乐上成就显著，在历史文化方面也十分优秀。他学习过英文、法文、意大利文等多种文字，参与过漫游整个欧洲大陆的旅行演出，曾在维也纳为皇帝演出，演出中他还蒙眼试奏指定音调的乐曲……他将人们赠予他的"音乐神童"的美誉看作测试与考验，一次又一次地超越自我，创造奇迹。

学以致用

哇！你的棋艺长进这么快，一定下了不少功夫吧！

118

天生好奇的爱迪生

托马斯·阿尔瓦·爱迪生是美国著名的发明家、物理学家和企业家，他拥有2000多项重要的发明专利，如电灯、留声机、摄影机等，都对人们的生活产生了巨大的影响，因此他被誉为"世界发明大王"。然而，这样一位天才小时候竟被人称作"低能儿"……

怎么可能呢？他不会比曾国藩小时候还笨吧？

那倒不是。不过他小时候总会闹出令人哭笑不得的事情……

难道是因为他经常淘气？

也不是。只是他的好奇心过于旺盛而已。

119

天真好奇，乐于动手

有一天午饭时间，爱迪生迟迟没有出现，他的父母找了他很久，最后在鸡窝里发现了他。原来，他十分好奇母鸡是怎样孵出小鸡来的，于是就想自己试一试。父亲又气又笑地拉起他，告诉他人是孵不出小鸡来的。而吃饭时爱迪生还在不停地追问：为什么人就不行呢？

刨根问底，不懈求知

爱迪生在学校上学的时候，也经常问出一些令人摸不着头脑的问题，比如1加1为什么等于2，而不是等于4；风是如何产生的……这种刨根问底的天性在老师和其他同学看来实在是太另类了，所以没过多久，爱迪生就被老师以"低能儿"的名义撵出了学校。

老师，为什么1+1不等于4呢？

爱迪生旺盛的求知欲使他对所有知识都充满了好奇。被退学后，他的妈妈决定自己教儿子读书，并以循循善诱的教学方式引导他完成了学业。8岁时，他就读了莎士比亚、狄更斯等人的著作；11岁时，他就尝试做课本上的化学实验；15岁时，他用兼职卖报纸的钱买了一架旧印刷机，创办了自己的报刊《先驱报》……

热衷绘画的 毕加索

巴勃罗·毕加索是西班牙著名的现代派绘画大师，也是世界著名的画家和雕塑家、现代艺术的创始人、当代西方最有创造性和影响最深远的艺术家、20世纪最伟大的艺术天才之一。他的这么多项荣誉头衔，来源于他从小对绘画的热爱、专注，甚至痴迷。

当毕加索成名后，人们问他是如何取得如今的成就的，他这样说道——

我小的时候，妈妈曾对我说："如果你当士兵，就要成为将军；如果你当修士，就要成为教皇。"而我想当画家，因此成了毕加索。

幼年学画，天赋异禀

毕加索的父亲是一名美术老师，他从小就跟随父亲学美术，还没上学的时候就会画画和剪纸，人们都说他是个天才。9岁时，他就创作了自己的第一幅油画《斗牛士》；14岁时，就开始展出自己的作品；17岁时，他的油画作品《科学与慈善》获得全国美术展览荣誉奖……

热衷绘画，忘我投入

毕加索进入校园后，人们本以为他在读书上也会一鸣惊人，可谁知他在课堂上简直像个木头人。虽然老师用"痴呆"来形容他，但是他只要一拿起画笔，就立刻生龙活虎起来。父亲见他把所有精力全部倾注在了绘画上，这份热爱和专注十分难得，便把他送入了美术学校，这才有了画家毕加索。

小时候是学东西最快的时候，也是最容易培养兴趣的时候。人们都说兴趣是最好的老师，越早发掘出自己的天赋和兴趣点，就越容易取得成就。

做任何事，最重要的就是专注。只有全身心投入自己热衷的事业里，才能毫不犹豫地走下去，直到获得成功。当然，学习也是一样的。

第七章

我们身边的无名英雄

抢险救灾的消防员

消防员是永远冲锋在危险前线的一群人，他们的职责就是保护灾难中的人们安全脱险。当火灾、洪水、地震、台风或其他灾害发生时，他们总会立刻出现在受灾现场，冒着生命危险抢救灾民。当我们遇到危险时，可以试着拨打119向他们寻求援助。

 消防员是社会中最可敬的一群人。有了他们，我们的生命和财产安全才有了保障。

 那他们自己的生命安全谁来保障呢？

 他们早就将自己的生命置之度外，社会需要的就是像他们这样舍己为人的英雄。

奋不顾身，舍己为人

消防员是专门负责抢险救灾的，一旦发生险情，无论何时何地，他们都会毫不犹豫地赶往现场，对灾情中的人们展开无条件、无差别的救助。有时他们自己也会受伤，甚至牺牲生命，但是这些都不会让他们退缩，他们把救援灾民的工作看得比自己的生命还要重。

团结协作，勇敢担当

消防队是一支壮大的救援队伍，抢险救灾不是一个人的事情，要靠集体团结协作、群策群力。有人负责指挥，有人负责准备工具设备，有人负责疏散人群……这些都是为了让救援工作安全有序，以免发生意外事故或二次灾害，这也是消防员对救灾工作有责任、有担当的体现。

原来消防员肩负着这么重大的责任，他们是真正为人民服务的英雄！

没错！我爸爸就是一名消防员，我为他感到骄傲和自豪。

消防员在社会中扮演着十分关键的角色，他们是人民生命和财产安全的重要保障，值得我们致予最崇高的敬意！

救死扶伤的白衣天使

医生和护士是专门救治病人、保护人们身体健康的人，他们救死扶伤，悬壶济世，忘我地投入在守护生命的事业中。那些因失去健康而绝望的人们，在他们的悉心照料下，重获生活的希望。他们肩负着神圣而伟大的职责，备受人们尊敬，被人们称为"白衣天使"。

进则救世，退则救民；不能为良相，亦当为良医。

——张仲景

医生，应该献身于维护人民健康的事业。

——白求恩

只要生命还可珍贵，医生这个职业就永远倍受崇拜。

——爱默生

敬佑生命，救死扶伤

救助伤患是医护人员的天职，无论多么辛苦，多么艰难，他们始终陪伴在病人左右，不计回报地给予关爱和帮助。他们时刻为病人着想，把病人的利益放在首位，坚守自己的职业道德，这种无私的精神完全出自对生命的敬重。

甘于奉献，大爱无疆

2008年5月12日，国际护士节当天，我国四川汶川发生特大地震，无数医护人员即刻冲至最前线，与伤员同生死、共患难……

对医护人员来说，不论是自己的父母还是别人的父母，不论是自己的孩子还是别人的孩子，都同样应该得到最高标准的治疗。并且病人来求医，不能因为其贫富贵贱而差别对待，在这些天使面前，众生都是平等的。无论何时何地，只要病患有需要，他们总会毫不犹豫地出手援助。

医护人员的崇高，在于对生命的尊重和爱护，他们对人民充满爱心，时刻准备着施与关怀与救助。正是有了他们的存在，我们才能免受病痛的折磨，扫除失落与担忧，安心地学习和生活。另外，在我们的日常生活中，有很多人、很多地方都需要帮助，我们也应该献出自己的一份爱心。

诲人不倦的
灵魂工程师

　　人民教师是在学校中从事教学、培养学生的专业人员，他们不仅要有渊博的学识，还要有健全的人格、乐观的心态、奉献的精神，最重要的是，还要善于引导和启发学生发现真理。他们传播思想、塑造灵魂，培养了一代又一代杰出人才，因此被人们誉为伟大的"灵魂工程师"。

　　有的人想当科学家，有的人想当文学家，而我只想当一名老师。

　　世界上没有老师，就没有这么多伟大的灵魂，所以老师比这些伟人还要伟大。

　　老师就像蜡烛，燃烧了自己，照亮了别人，我们都在老师的烛光照耀下成长。

奉献自己，成就别人

俗话说，"十年树木，百年树人"。为国家和民族培养人才不是一朝一夕的事情，需要投入大量的时间和精力。无数老师一辈子坚守在教学岗位上，有的还深入偏僻的山林中，帮助贫困地区的小朋友走出大山。他们将自己的人生全部投入教书育人的事业中，为的只是让别人的人生更加精彩。

诲人不倦，默默无闻

上学时，老师教授我们知识，陪伴我们成长。毕业后，我们离开学校迎接新的人生，而老师却留在校园里继续陪伴下一届学生。我们在老师的教育下长大，一步一步实现功成名就的理想，而老师却在校园中默默无闻地老去。多年后回到母校再次相见，你就会发现老师的两鬓已经斑白……

老师奉献了自己的大好年华，成就了我们的灿烂青春。这份恩情我们无以为报，只好将这种崇高的精神传递下去，让传道、授业、解惑的师道重任在一代又一代青年才俊中接续传承。

驰骋赛场的运动健将

　　运动员是代表集体参加比赛、为集体争夺荣誉的英雄。在学校运动会上，他们代表的是班集体；在奥运会上，他们代表的是自己的祖国。不论比赛规模大小，他们都在台下挥洒汗水，在台上洋溢热情，凭借过人的体魄和意志为集体争光。

　　俗话说，"台上一分钟，台下十年功"。我们看到的只是运动员赛场拼搏的精彩一瞬，却看不到他们在台下倾注的心血。荣誉从来都是要靠拼搏争取的，特别是代表集体的时候，就要更加舍得付出。

坚韧不拔，拼搏进取

每一个运动员在成功前都经历过无数次失败，赛场上的竞争激烈非常，没有人能随随便便成功。体育运动的意义在于不断超越自我，每一次失败都是通往"更快、更高、更强"的阶梯。正是因为经受过挫折，才能使意志更加坚定，在下一次的比赛中发挥出更加强大的力量。

勇于担当，心系集体

参加比赛的运动员是集体的代表，无论何时，他们都要以集体的利益为重，将个人的私心杂念抛在场外。当集体需要他们的时候，他们挺身而出，获得荣誉后，又不会将荣誉据为己有。从我们的班集体到国家队，赢得的每一次辉煌的成绩，都要归功于他们的担当和付出。

　　无论我们在学校还是将来走入社会，都离不开集体。要热爱集体、关心集体、自觉地为集体尽义务、做贡献、争荣誉，这是每个人都要有的集体荣誉感。

无私奉献的
爱心志愿者

　　爱心志愿者是志愿加入公益事业的人员，他们为社会集体贡献自己的时间、知识、技能、体力等，却不要求物质酬劳。他们的身影遍布社会的每一个角落，有社区服务志愿者、环保志愿者、网络安全志愿者等等。他们是社会中默默付出的一群人，也是容易被我们忽视的"天使"。

　　2024年3月1日，《中国志愿服务发展报告（2022—2023）》发布。报告显示，我国注册志愿者已达2.32亿，组建了135万支志愿服务队伍，实施了文明实践、阳光助残、环境保护、为老服务等多主题的1127万个志愿服务项目。

无私奉献，不求回报

奉献精神是志愿服务精神的核心，志愿者不计报酬、不求名利、不谋特权，积极参与社会建设与其他服务。而且他们从不向人炫耀自己的经历，默默无闻地工作在自己的岗位上，为的不是个人的虚荣，而是整个社会的进步与和谐。

学以致用

不要因为觉得个人的力量微小而不去奉献，大的事迹都是从小事开始做起的。比如说，保护环境，人人有责。

勤劳俭朴的**劳动人民**

劳动人民是为社会创造财富的所有从事体力劳动和脑力劳动的人，最有代表性的就是在田地中辛勤耕作的农民，当然也包括牧民、工人、手工业者等。他们日复一日地辛劳付出，没有他们抛洒的汗水，就没有我们今天的幸福生活。

我们赖以生存的粮食就是农民伯伯辛苦耕作一年种出来的，我们一定要珍惜他们的劳动成果。

他们为什么能忍受耕作的辛苦，而没有半点怨言呢？

因为他们继承和发扬了中华民族勤劳俭朴、艰苦奋斗的传统美德，是我们现实生活中最可敬的人。

工作勤劳，生活俭朴

劳动人民的生活十分辛苦，特别是农民，他们有时天不亮就要出门耕作，中午也不回家休息，一直工作到天黑才结束。一年的收成都在于每天的辛勤劳作，因此他们对收获的粮食倍加珍惜。这让他们养成了勤劳俭朴的生活习惯，从不轻易浪费一粒米。

吃多少盛多少，不要浪费。

自力更生，艰苦奋斗

劳动人民靠自己的双手创造生活，从白手起家到丰衣足食，从垦地开荒到硕果累累，他们始终自食其力，无怨无悔。这正是我们经常提倡的艰苦奋斗精神，无数年来，它都激励着一代又一代的人们靠勤劳的双手不断创造新的生活。

　　有劳动，才有收获，这是社会永恒的法则。从小开始，我们就要培养崇尚劳动、尊重劳动、热爱劳动的优秀品质，这样，长大后才能靠自己的双手勤劳致富。

第八章

那些默默发光的普通人

公交车上
主动起立的身影

乘坐公交车主动为他人让座，体现了对他人的尊重和关爱，是一种值得发扬的社会公德。当遇到老人、病人、残疾人、孕妇和带婴儿的妇女没有座位时，我们要让出自己的座位，热心关照他们，这是我们展现良好品德和文明素质的机会，也是传播正能量的途径。

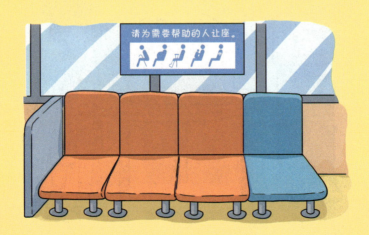

请为需要帮助的人让座。

文明礼让，尊老爱幼

在现代社会中，乘坐公交车出行是一种普遍的出行方式。公交车是一种公共场所，乘车时要讲文明，多为他人着想。当遇到老人、孕妇或抱婴儿的乘客时，要主动让出自己的座位，这体现的是我们中华民族尊老爱幼的传统美德。我们作为社会公民，要积极表达自己的善意和关爱。

乐于助人，爱心助残

在公交车上，需要帮助的人有很多，除了老人、孕妇和抱婴儿的乘客外，病人、伤患、残疾人等也是重要的弱势群体，我们要怀着一颗善良的心伸出自己的援助之手。这样，当我们遇到困难时，别人也会热心帮助我们。

在公交车上为别人让座虽然不是什么大事，但是能够很明显地体现人们的助人精神。越是生活中不起眼的小事，越能彰显我们的道德素养和精神品质。关键时刻主动伸出我们的援助之手，不仅给别人带去温暖，也为自己带来快乐。

路边捡来的东西属于谁

　　原本不属于自己的东西，别人给我们，我们才能接受，但是捡来的东西，没有别人发现，我们要不要据为己有呢？

　　当然不要！设想一下，如果是我们自己丢了东西，会不会焦急地寻找呢？当你发现丢失的东西被别人拿走了，一定会十分气恼吧！

　　同样的道理，"己所不欲，勿施于人"，我们也不要把别人丢失的东西据为己有，而应该主动还给失主。

147

见贤思齐

拾金不昧，不贪路边的小便宜

从前有一个秀才，名叫何岳。有一次他赶夜路回家时捡到一袋银子，怕家人劝他自己留下，就没有跟家人说。第二天清晨，他一早赶到捡银子的地方，等着失主回来寻找，果然，没过一会儿，失主就来了。失主打算分一些银子酬谢秀才，被秀才婉拒了。

诚实守信，替人保管财物毫不动心

还有一次，有位官员要出远门，在何秀才那里寄存了一箱金子，约定过几天再来取。然而时间过去了几年，也不见官员来取。何秀才怕官员忘了，便拜托官员的侄子将金子捎给他。尽管官员本人都记不得寄存金子的事了，这箱金子在何秀才家放了几年，却一锭也没有少。

何秀才只是一个穷书生，捡到钱短时间内还可以勉励自己拾金不昧，及时还回去，但他连保管了几年的金子也能不起一点贪心，这就远超常人了。拾金不昧是我们中华民族的传统美德，人人都应该以何秀才为榜样。

陌生人遇到困难要不要帮

乐于助人是一种美德，但是无论什么人、什么忙我们都要帮吗？陌生人遇到困难要不要帮呢？首先，肯定不是什么人、什么忙都要帮的（坏人的忙就不能帮），我们要帮的是那些自己无力脱困、真正需要别人帮助的人。其次，只要符合上述原则，即使面对陌生人也要及时伸出援助之手。

要帮人，更要帮对人

对陌生人主动出手相助并没有错，但有人却会因此惹上麻烦，这是为什么呢？因为我们对陌生人、陌生的环境并不了解，善心很有可能会被利用。所以我们在出手前一定要了解当下的情况，对于陌生人的奇怪和过分的要求，要三思而行，而对真正有困难的人，则要果断相助。

小朋友，我好像迷路了，你可以带我去一下××吗？

实在是抱歉，我上学快要迟到了。这样吧，我带你去找学校门口的警察叔叔。

有勇气，更要有智慧

除了要选择正确的帮助对象之外，我们还要注意选择正确的帮助方式。有时候乐于助人是不能鲁莽行事的，否则不但帮助不了别人，还可能让自己陷入险境。所以，帮助别人一定要量力而行，有能力帮的，就帮人帮到底，有心无力的，就请有能力的人来帮忙。

喂，警察叔叔吗？××公园有人落水了！我还不会游泳，请快点过来帮忙！

151

帮助陌生人时应注意

1. 不要答应陌生人过分的求助要求

2. 不要帮助主动对你献殷勤的陌生人

3. 尽量在别人看得见的地方帮助陌生人

4. 帮助陌生人时也要注意自身的安全

5. 帮完陌生人后尽快离开，不要长时间逗留或泄露
   隐私

……

每个人都有自己的责任

在我们的日常生活中，不管人们有着什么样的身份，每个人都有自己应尽的责任和义务。学生要按时完成作业，老师要按时准备教案，家长要按时工作……正是因为每个人都负起自己的责任，社会生活才能有条不紊。在集体中，只要有一个人掉链子，就可能影响整个集体。

153

对自己负责，按时完成学习任务

在学校，我们作为学生，最主要的责任就是好好学习，按时完成老师布置的学习任务；而在家里，我们作为爸爸妈妈的孩子，则要慢慢养成独立自主的生活习惯。这样做不仅是为了老师和家长，更重要的是对自己的人生负责，如果等长大后学无所成再后悔，可就来不及了！

对他人负责，处理好人际关系

社会是一个整体，没有人能完全脱离人群单独生活。因此，我们的一言一行不止影响着自己，也影响着别人。无论我们身在何处，都要处理好自己与周围人的关系，不要与人爆发矛盾冲突。这不仅是为自己负责，也是为他人和社会负责的表现。

不要以为我们还小，就不需要承担责任。其实责任是不分男女老少，每个人都要履行的，只不过因为每个人的身份不同，而在内容上有所不同罢了。我们要从小培养自己的责任意识，这不仅能帮助我们健康成长，还能加强我们的公民意识，使我们越来越像个大人。

你负你的责任，我负我的责任，每个人都有自己的责任。

先说出"对不起"的人

在日常生活中，与别人发生碰撞、摩擦的事情时有发生，如果每个人都各执己见、斤斤计较，那么很难想象我们的生活将会多么令人烦躁。相反，如果我们都能各自让一步，那么矛盾冲突就能迎刃而解，心情也会舒畅很多。所以，在与别人发生矛盾时，一定不要吝惜"对不起"这句话。

可是，有时候并不是自己的错啊！

不是自己的错，说声"对不起"怎么了？难道你宁愿无休止纠缠下去吗？

对呀，说"对不起"是在表明一种宽容的态度，谁先说出"对不起"，谁就能先从麻烦中解脱出来。

宽容大度，不斤斤计较

在生活中与别人发生矛盾是在所难免的，如果别人不小心碰你一下，你都要不依不饶，那么事情就会没完没了。这时如果宽容大度一些，对这些鸡毛蒜皮的琐事一笑而过，那么不仅能够将气愤消弭于无形，还可能收获一段新的友谊。

礼貌谦让，善于自省

当矛盾发生时，如果我们都能先从自己身上找原因，而不是责怪对方，那么化解矛盾就会轻松很多。而且，自我反省是一种高级的修养，能从自己身上找原因，才能从根源上解决问题，使类似的矛盾不再发生。

会说"对不起"的人不一定是软弱的人，但一定是有涵养的人。当与人发生矛盾时，道歉并不是认输，而是展现宽容豁达的态度。心胸开阔了，才能包容别人，化解矛盾，同时还能赢得别人的尊重。

集体的荣誉大于一切

在我们的校园生活中，不管是学习成绩还是竞技比赛，争得第一都是一种荣誉，它标志着我们个人所取得的成就。然而，还有一种荣誉，比个人的荣誉还要崇高，那就是集体的荣誉。

要争得集体荣誉，不仅要个人自身特别优秀，还要团队协调合作，用个人的优势去弥补团队的短板。大家团结一心，互相提携，这样才是一个出色的集体。

关心集体，互相提携

在家中，所有家人就是一个集体；在班级，所有师生就是一个集体。不论在哪里，大家都要相亲相爱，互帮互助。比如班级中有的同学成绩优异，而有的同学学习比较吃力，这时，前者要热心帮助后者，后者要努力追赶前者，这样才是有集体荣誉感的表现。

多谢你帮我讲题，一定耽误你自己学习的时间了吧?

这算什么，我们不都是为了班集体的进步吗?

为集体担当，该出手时就出手

我们班的合唱队指挥生病了，谁能替他参加比赛?

我能!

我们在集体中成长，离不开集体的关照，而集体有时也会需要我们，这时我们就要积极响应号召，参与到集体活动中来，为集体赢得荣誉。另外，为集体做贡献还可能要牺牲一下自己的利益，但是为了大家着想，做出小的牺牲也是值得的。

在学习和生活中，我们既要做集体中的佼佼者，又要有强烈的集体荣誉感。所谓集体荣誉感，就是一种热爱集体、关心集体、自觉地为集体尽义务、做贡献、争荣誉的热烈情感。正因为每个人都将集体的荣誉放在个人的荣誉之前，我们的集体才能不断进步。

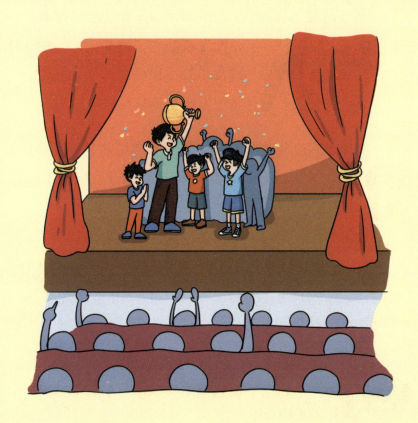

公益活动
不是一个人的事

　　所谓公益活动，就是指维护公共利益的活动，它服务的对象不是某一个人，而是共同生活的所有人。比如，保护环境是为了使大家的生活更加洁净和安全；爱心捐助是为了帮助有困难的人；参与社会调查是为了提高大家的公民意识，共同构建和谐社会……

　　可是，这些工作都已经有人在做了，为什么我们还要参与进来呢？

　　公益活动可不是有人做就行了！"公益"代表的是公共利益，而我们也是公共群体中的一员，当然也要尽自己的一份力。

　　没错，公益活动是每个人都要参与进来的，而且它也是无私的。

齐心协力，众志成城

公益活动是大家的公共事业，需要大家合力来完成。每个人都献出自己的一份力，那么积少成多、聚沙成塔，千万个人就能汇聚成一股强大的力量，无论什么难题都能迎刃而解。关键时刻，我们千万不要吝惜自己的那一份微薄之力。

踊跃参与，积极号召

为公益事业出力，不仅要自身踊跃参与公益活动，还要积极号召周围的人一起参与。一传十，十传百，将这种服务的意识扩散出去，让大家一起为构建和谐社会出力，这才是参与公益活动最重要的意义。

公益精神是一种为社会以及全人类无私奉献的精神，即使没有任何酬劳，也始终有人积极参与。比如植树活动，虽然过程非常辛劳，但是看着自己种植的树木长成参天大树，为环境增添一抹绿色，就是莫大的欣慰。而培养公益精神就像植树，只不过是把幼苗种植在自己的心底，只要精心呵护，它也一定能蓬勃生长。

自强不息的残疾人

现实生活并不只有美好的东西，有人也会遭逢灾难。当我们享受健康快乐的生活时，也不要忽视那些不被命运眷顾的人，他们虽然在身体上有所缺失，但在心灵上，仍在追逐灿烂的阳光。

真不敢相信，有些身体残疾的人居然比我们健全的人还要厉害！

某一方面的缺陷并不算什么，反而还会激发人们的意志，使人更加自强不息。

可不要小看了他们的力量，在某些方面，他们可是我们望尘莫及的呢！

身残志坚，自强不息

谁能想到，有些人身体残缺，却还能在赛场上驰骋？他们的人生虽然被关上了一扇窗，但也打开了另一扇门。他们在我们看不到的地方向阳而生，他们克服重重困难，奋力拼搏……他们就是残疾人运动员，他们用顽强的意志书写了生命的坚韧。

残奥会冰球赛

百折不挠，越挫越勇

有时候，身体缺陷并不是无法逾越的障碍。传说古希腊有一位演说家德摩斯梯尼，从小就酷爱演讲和辩论，但他天生口吃，每次都因为说话不流利而被别人嘲笑。为了克服困难，他嘴里含着石子，面对大海练习朗诵。日复一日，年复一年，最后他终于成为希腊最有名的演说家。

　　残疾人的身体条件较差，尚且能爆发出惊人的热情和潜能，我们拥有健全的身体，又怎么能松散懈怠呢？其实，命运对每个人都是公平的，不论健全还是残疾，每个人都有无穷的潜力，只不过你要有坚韧不拔的意志，才能在历尽挫折之后，爆发心灵的"小宇宙"……